JN409964

황혼의 노래

이 도서의 국립중앙도서관 출판예정도서목록(CIP)은 서지정보유통지원시스템 홈페이지(http://seoji.nl.go.kr)와 국가자료공동목록시스템(http://www.nl.go.kr/kolisnet)에서 이용하실 수 있습니다. (CIP제어번호 : CIP2015022986)

황혼의 노래

조현행 시집

| 시인의 말 |

산다는 것이 무엇인지 뚜렷하게 한 것 없이 어느새 미수米壽(88세)를 맞이했습니다. 2006년도에 졸작이나마 시집을 내고 나서 그동안 여러 가지로 여의치 않아 습작을 게을리 했습니다. 그 게으름 속에서도 몇 편 남아있는 글들을 이제금 다시 묶는 것은 살아온 인생을 정리해야 될 때가 되었다고 생각해서입니다.

글공부를 제대로 하지도 못한 사람이 문학에 대한 꿈을 져버리지 않고 미수까지 살다보니 또 한 번의 기쁨을 맛보게 됩니다. 이 시집을 엮으며 젊은이들에게 포기하지 말고 도전정신을 가지라고 말하고 싶습니다. 너 나 할 것 없이 바쁜 세상에 한 번 도전하여 낭패를 보면 금방 포기하는 것이 요즘 젊은이들인 것 같습니다. 하지만 인생은 멀리 봐야 하는 것이고 더더군다나 꿈은 더 멀리 있습니다. 아무리 바쁜 생활이라고 해도 가슴에 꿈을 가지게 되면 언젠가는 그 꿈을 이루게 되고 진리는 승리하게 됩니다. 하면 하고자 하는 정신이 힘이라고 생각합니다.

삶을 포기하지 않고 문학에 대한 도전을 멈추지 않고 그동안 써놓은 졸작들을 세상 밖으로 내보내는 것은 후손들에게 내 족적을 남기기 위함이며 부끄럽지 않은 삶을 마감하기 위함입니다.

어느새 노장이 되었지만 사춘기의 설레는 마음으로 이 시집을 묶습니다. 고향 하늘의 흰 구름을 생각하며 이 시집을 정리합니다. 지친 삶 속에서도 늘 함께하며 위로가 되어준 가족들과 어깨 다독이며 함께 걸어가 준 소중한 분들에게 고마움을 전합니다.

살아온 길에 시가 있어 행복했습니다.
인생을 정리하는 마지막 길도 시와 함께 행복할 것입니다.

2015년 여름
금산 조현행

황혼의 노래 | **차례**

시인의 말 4

1부 진달래 꽃동산

봄소식 15
봄소식·2 16
봄맞이 17
진달래 꽃동산 18
입춘立春 19
봄기운 20
봄비 21
봄비·2 22
증손주와 벚꽃 구경 23
봄이 오면 24
민들레꽃 25
민들레꽃·2 26
여인과 꽃 27
아름다운 꽃 28
어린 마음 29
공원길 30

벚꽃 구경 도청 길 31
아카시아 꽃향기 32
5월 33
가는 세월 34
가는 세월·2 35
할미꽃 36

2부 그대를 생각하며

여름 39
여름·2 40
행복한 그리움 41
도심 공원의 여름 42
허전함 43
그대를 생각하며 44
겨울 호수 뚝방길 45
슬픔이여 안녕 46
그리운 그대, 갖고 싶은 그대 47
내 어찌 잊으리오 48
짝 잃은 새 한 마리 49
만남의 그리움 50
내 마음 아시나요 51

눈물 52
내가 본 그 사람 53
꿈속에서 54
사랑하는 그대 55
사랑의 이별 56
눈 내리는 창가에서 57
사랑 58
당신을 그리워하면서 59
부부 60
황혼의 사랑 61
야좌夜坐 62

3부 마음의 시

가을밤 65
가을 66
단풍잎 67
가을 들녘 68
초승달 69
가을 문턱 70
가로수 서 있는 풍경 72
시 한 토막 73

바람 74
마음의 시 76
내가 쓴 시 한 구절 77
정情 78
박 79
낙엽을 밟으면서 80
인생 81
내 고향 82
가을 추수 83
긴긴밤 84
비오는 날 85
은행나무 86
차를 마시면서 87
소래포구 88
어느 날 아침 89
야생화 90
아침 91
이런 사람 92
등산길 93
공원의 벤치 94

4부 인생 찬가

가는 세월 아쉬워하면서 97
흘러가는 세월 속에 98
효도잔치를 보고서 99
광교산을 오르며 100
귀성길 101
신호등 102
시골길 103
광교 산마루 샘터에서 104
두고 온 내 고향 105
시위 문화 106
설 107
우리의 꿈 108
동지들 109
희망 110
공군 전우회 동지들 111
불개미같이 살으리랏다 112
맑은 태양 114
꿈 116
꿈·2 118
꿈·3 119
눈 내리는 날 120

해 뜨는 아침 일터 121
인생 찬가 122
첨단산업시대 123
세상에 태어나서 124
백송나무 126
저물어가는 세상 127

1부
진달래 꽃동산

봄소식

마을 어귀에는 개나리꽃 피었고
뒷동산에는 진달래가 물들었다
밭둑에는 나물 캐는 처녀와
여인들 웃음소리
마음속 깊이 옛 친구가 그립다

들뜬 마음 가라앉히며 노래 부르네
봄이 안 오면 새로울 게 없어라
푸르른 기어 다시 피는 새봄

내 마음 덩달아 꽃이 피는 걸
아름다운 그대는 알고 있겠지
80이 넘은 황혼 길에도
사랑은 여전히 봄꽃이려니
꾀꼬리 한 쌍 소식을 전한다

봄소식·2

따스한 남풍이 스며드는 삼월
풍경소리 산 너머 울려 퍼지네
봄소식 듣고 싶은 버들강아지
푸른 싹을 내밀며 고개 내밀고
아지랑이 가물대는 언덕 너머
나비 떼 여기저기 춤을 추네
개나리꽃도 봉우리 맺고
노란 물결 출렁이며 노래 부르면
뜰아래 병아리도 종종대며
봄소식 전하느라 바쁘다하네

봄맞이

버들강아지 버들버들
너도 웃고 나도 웃는다
개구리 나와서 알을 낳더니
어느덧 올챙이 나와서 세상을 즐긴다
씀바귀 냉이들 푸릇푸릇 돋아나고
나물 캐는 아가씨들 아름다워라
봄나물 뜯으며 소식 전하네

진달래 꽃동산

울밑에 개나리꽃 한창 우거지고
뒷동산의 진달래꽃 활짝 피었네
노랑나비 흰나비 춤을 추는 봄날
바람도 꽃을 보며 반갑게 웃네
어머니 손잡고 즐거워하는 동심
여기저기 꽃 속에서 기념촬영하며 놀고
오늘을 영원히 간직하려고
웃음꽃 피며 다정한 포즈를 취하네
진달래 피어나는 봄이 오면
언제나 어린 시절 함께 피어나네

입춘立春

깊이 잠들었던 겨울잠을 깨보니
얼음장 밑에서 시냇물 흐르고
어느새 봄바람 내 곁에 왔네
세월은 막지 못해 입춘이 다시 오니
웅크렸던 몸과 마음 풀어헤치고
향기로운 봄 내음 마음껏 마시자
머지않아 개구리도 문을 열고 나오겠지
봄의 문턱에서 희망을 노래하네

봄기운

양지쪽 산골짜기에서 흘러내리는
물방울 소리가 봄소식을 알려주면
푸릇푸릇 돋아나는 새싹들

새들도 햇살 좋은 솔밭에 앉아
내일을 설계하며 노래 부르네

봄이 오면 만물이 다 새로운 세상
꿈과 희망을 안고 나오는구나
봄기운이 이리도 좋을 줄 누가 알리요

봄비

소리도 없고 발자국도 없어라
하얗게 쌓인 눈 녹아내린다
버들강아지 푸른 잎 손을 내밀고
시냇물 흘러 봄이 오려나
가랑잎 바스락 소리도 사라지고
얼었던 마음도 풀리고 있다
뜰아래 놀던 병아리들이
어미 품속으로 모여드는 날
봄이 오는 문턱에 내가 서 있다

봄비·2

산천초목에 싹이 튼다
꽃들은 저마다 향기롭다
벌과 나비는 춤추며 맴돌고
사람들은 마음속에 사랑을 담는다
봄은 우주만물을 즐겁게 하고
희망을 안겨주며 오고 있다
봄비 한 자락에 터지는 웃음

증손주와 벚꽃 구경

경희대학교 내 7층 석탑둘레에
활짝 핀 벚꽃들
봄바람에 휘날리는 꽃잎이
하얀 눈송이처럼 떨어지네
우수수 떨어지는 꽃잎을 주우려고
14개월 된 증손주가 기우뚱거리네
이리저리 뛰다 쓰러질까봐
엄마 아빠 뒤쫓으며 따라다니네
꽃구경 나온 많은 사람들
너도나도 박수치며 웃음꽃 피우네
증손주를 바라보며 하루가 저무네
할아버지 할머니도 즐겁게 저무네
온가족 함께한 집안 나들이
벚꽃도 함께 웃고 서 있네

봄이 오면

어느 누구랄 것도 없이 봄이 오면 마음 들썩
너도나도 할 것 없이 벚꽃놀이 구경 간다
가족끼리 친구끼리 사랑하는 사람끼리
발걸음 가볍게 꽃놀이를 간다
이야기 꽃 웃음꽃 한가득 피었다
맑은 하늘에 흰 구름 몇 점
너도 웃고 나도 웃고 봄도 웃는다
인생사 모두가 봄철만 같아라
천지신명께 소원 빌고 기도한다

민들레꽃

마당 끝 돌담 밑에 한 폭의 민들레꽃
노랗게 물들어 아름답게 피었네
부르지도 않았건만 달려온 흰나비
첫눈에 반해 춤을 추며 노래하네
병아리 떼 종종종 엄마 곁을 맴돌며
어미가 조아놓은 먹이를 빼앗길까
서로 먼저 달라고 아우성 치고 있네
민들레꽃은 즐거워 웃고 서 있네

민들레꽃·2

우리 집 뜰아래 민들레꽃 피었다
언제부터 날아와 뿌리를 내렸는지
하얀 나비 노란 나비 친구도 생겼다
봄날을 즐기며 떠드는 사이
어느새 민들레는 백발이 되어가고
바람이 불면 소리 없이 날아가
낯선 땅에 정착을 한다
새봄이 오면 다시 또 꽃을 피우고
벌과 나비 친구들 모두 불러서
봄날의 잔치가 시작되겠지
잔치가 끝나고 햇살 좋은 날
나물 캐는 여인네 손에 들켜
어느새 밥상 위에 올라앉는 민들레꽃
일생은 이렇게 끝이 난다네

여인과 꽃

개나리꽃 진달래꽃 피는 곳에
노랑나비 흰나비 벌들이 모여
춤추고 노래하며 웃고 있네
꽃들도 덩달아 웃고 있네
꽃이 웃고 있으면 여인도 웃네
꽃이 웃고 있으면 여인도 미소짓네
꽃향기에 젖은 여인의 얼굴
한 송이 꽃으로 다시 피어나네

아름다운 꽃

새싹들이 쏘옥쏙 올라오더니
푸릇푸릇 햇살을 반기고 있다
하늘도 들녘도 파란 물결
한바탕 놀다간 봄의 자리에
풀잎을 헤치고 피어나는 꽃
오고가는 사람들 사랑에 빠진다
아름다운 세상 변치말자
저마다 한 가지씩 약속을 하고
꽃으로 피어나 활짝 웃는다

어린 마음

벚나무 우거진 공원에 나와
엄마 손잡고 노는 아이들
이리 저리 뛰놀며 즐거워하네
웃음꽃 함빡 사랑꽃 함빡
손뼉치고 노래 부르는 아이들 모습
벚꽃처럼 피어 흔들리네
맑은 하늘에는 흰 구름 한 점
아름다운 꽃송이 하늘에도 피었네
공원 안에 모여든 많은 사람들
아이들 마음 되어 웃고 또 웃네

공원길

개나리꽃 진달래꽃 벚꽃이 활짝 핀 봄날에
향춘객들이 붐빈다
이리 보고 저리 보고 길을 거닐면서
어린아이들은 춤추듯 뛰고
바라보는 엄마 아빠 손잡고 웃는다
변치 말고 이렇게 한 백년을 살아볼까
떨어지는 벚꽃이 꽃길을 만든다
오늘도 내일도 지금처럼 오래오래
햇빛도 웃으면서 꽃길을 걷는다

벚꽃 구경 도청 길

백두대간 줄기 받아 내려앉은 팔달산
그 모습 아름답고 풍요롭구나
경기도의 보금자리 경기도청 청사
힘 모아 이뤄낸 복지 국가 여기 있다
아름다운 벚꽃 길 상쾌한 벚꽃 길
구경 나온 사람도 꽃처럼 피었구나
바람결에 떨어지는 벚꽃 잎이 아련해
너도 나도 빠져보는 추억의 도청 길
바람아 불지마라 마음 아프다
떨어지는 꽃잎 밟으며 아쉬워하네

아카시아 꽃향기

5월의 향기는 아카시아 꽃
황홀한 내음으로 세상을 덮고 있다
사람도 꿀벌도 향기에 취해
다가가 살짝 꽃망울을 만지니
가시를 내세워 방어한다
'동구 밖 과수원길 아카시아 꽃이 활짝 폈네'
나도 모르게 동요를 부르며
걸음을 멈추어 한참을 바라본다
산들바람 넘치는 아카시아 꽃향기

5월

5월에 들어서니 모두가 싱그럽네
산천초목 푸른 잎 다투어 피어나고
농부들 구슬땀 흘리며
마음속 깊이 풍년을 기원하네
가족들이 식탁에 앉아
하루 일 얘기하며 고달픔 풀고
마음 한 구석에 희망을 외치네

가는 세월

해마다 이맘때면 늘 느끼는 건
지나가버린 세월 후회 뿐
잡을 수도 없고 붙잡히지도 않는다
올해는 다르겠지 생각했지만
세월 앞에서는 늘 같은 생각
한해 두해 사무치는 마음속에
이내 몸 늙어가는 줄 모르고
우리네 인생 한결같이
아름다울 줄 알았네
잡을 수 없는 것이 세월이라지만
더도 말고 덜도 말고 오늘만 같아라
다음해 봄을 맞이할 수 있을까
먼저 간 친구 그리워하네

가는 세월·2

봄이 오면 산천초목이 기지개 켠다
내 모습 세상에 보여주려고
땅속을 헤치면서 돋아나는 새 생명들이여
맑은 햇빛 받으며 용솟음친다
봄비는 얼굴 가득 웃으며 내려와
세상 보고 방끗방끗 인사를 하고
잎이 돋고 꽃도 피네
꽃이 지고 열매 맺네
돌고 도는 것이 세월이라네
돌고 도는 것이 인생이라네

할미꽃

고향 뒷동산 잔디밭 언덕
찾아본 할미꽃 다시 그리워
닫혀진 봄날의 꽃 문 살며시 연다
나비 한 마리 햇살 따라 웃으며
싸리문 밖으로 빼꼼히 고개 내밀고
그대의 눈동자 사방에 가득하다
너는 알고 있지 할미꽃이여
어느 하늘 아래 살고 있는지
가시 돋고 등 굽어도 화려한 할미꽃
백발에는 허리 세워 웃는 할미꽃

2부

그대를 생각하며

여름

5월 문턱에 다다르니 세상이 모두 싱그러워라
산에는 등산객들이 줄을 서서 피어나고
들판에는 땀 흘리는 농부들

힘겹고 바쁜 나날이지만 풍년을 노래하네
오늘도 노력하는 배달민족
개미처럼 일하며 여름을 보내네
대한국민이여 초목처럼 푸르자

여름·2

삼복더위에 열대야까지 몰고 와서
밤잠을 못 이루고 고생들 하게 하네
해변 가, 호수, 산골짝, 나무 밑 그늘
더위를 식히러 사람들 모여드네
물놀이하는 아이들 시원해 보이네
할아버지 할머니들은 숲속에서 더위를 식히며
시원한 바람과 소나기라도 왔으면 하고 기다리네
금년에는 열대야가 유난히도 빨리 오는 것 같으네

행복한 그리움

삼복더위에 밤하늘에 비친 맑은 달
임 그리는 내 마음속을 비추어주듯
환하게 환하게 떠올랐네

마음속 그대와 같이 지새운 밤이
둥근 달처럼 떠올라 행복하네
무더운 한여름 밤이었지만
더운 줄도 모르고 밤을 지샜네

그대와 나의 영혼이 함께한 그 시절
행복한 그리움으로 남았네

도심 공원의 여름

도심 속에 자리 잡고 앉아
편안한 휴식을 주는 곳
도시 공원의 여름이 익어간다
한여름의 무더위를 식히려고
매미는 힘차게 노래 부르고
할머니 할아버지 어린아이 할 것 없이
즐겁게 맴맴 신이 나서 맴맴
벤치에 앉아 책을 읽는 아이도
신문을 펼쳐 읽고 있는 사람도
모두 다 아름다운 도시의 풍경
시민들의 휴식처 공원이 있어
오늘도 우리는 편안히 즐긴다

허전함

기다려 줄 수 있는 그대가
마음속에 머물러 있어 좋다
아무도 없는 책방에 홀로 앉아 있어도
함께 이야기를 나눌 수 있다는
그 하나만이라도 느낄 수 있어
그리움에 젖어 허공을 바라본다
오지 않는 그대를 생각하면서
언제나 찾아올까 기다리면서
오늘도 하염없이 추억에 젖는다

그대를 생각하며

아름답고 어여쁜 당신을 기다리며
오늘도 이리저리 생각을 못 잊어
하염없이 그대를 떠올려보네
잡을 생각을 말고
두고두고 오래 간직하자
이리저리 뒤척이며 애타고 있네
사랑이란 주는 것이지 잡는 것 아니다
그리하여 평생을 간직하려하네
사랑은 아름답고 영원한 것일세

겨울 호수 뚝방길

임이시여
겨울 호숫가 언덕을 나 혼자 걸어봅니다
먼 옛날 그대와 함께한 그 호숫가 뚝방길
행여나 그대의 발자국 남아있을까
두 눈 크게 뜨고 걸어봅니다
아직도 그대와의 추억은 그대로인데
이제는 찾을 길 없는 임의 발자취
오늘도 뚝방길엔 그리움 피어나고
지금은 나 혼자 걸어봅니다

슬픔이여 안녕

너는 모르리라
슬픔이 무엇인지
눈물이 왜 흐르는지 모를 것이다
웃어도 슬플 때가 있고
울어도 슬플 때가 있다
한 번 쏘아버린 화살의 빈 활은 쓸모가 없다
슬픔은 고삐가 달려있어
슬픔을 표출하기는 해도 꿰매어둘 순 없다
슬픔이란 그런 것이다

그리운 그대, 갖고 싶은 그대

그대를 못 잊어 마음만 애태우며
그대를 잡으려 해도 잡을 수 없고
놓으려 해도 놓을 수 없는 그대
사랑이 이렇게 흘러도 고백을 못하고
애태우는 마음 쌓여만 가네
아끼고 즐겨 주는 것이 사랑이라면
오늘도 내일도 영원하라 그대여
물속 깊이는 잴 수 있어도
마음속 깊이 헤아릴 수 없네
가지고 싶은 마음 한결같아 애태운 시간
그리운 그대를 생각하네
꺾을래야 꺾을 수 없고
지울래야 지울 수 없는
그리운 그대, 갖고 싶은 그대

내 어찌 잊으리오

차마 그 시절 어찌 잊으리오
내가 걸어온 무지의 나날들
단 한 번이라도 지우지 못하고
외롭게 지내야했던 아픈 그 시절
나의 가슴 아리는 추억의 시간엔
그리움만 재깍재깍 돌아가는데
마음속 깊이 간직한 그 사람
내 어찌 잊으리오
잊을 수 있으리오

짝 잃은 새 한 마리

짝 잃은 새 한 마리
홀로 남아 울고 있다
보내야할 운명이라면
이제 그만 울자
이 한 몸 죽는 날까지
슬피 울며 기다려도
이 산 저 산 넘나들며
눈을 크게 찾아봐도
떠난 사랑 다시는
돌아오지 않으니

만남의 그리움

만남은 행복의 미소로 다가오고
환한 얼굴 그리움으로 스며든다

한 방울의 향수처럼
나를 스며들게 하는 당신

청아한 목소리 한 마리 새가 되어
귓가에 메아리로 들려오네

내 마음 아시나요

보고 있어도 보고 싶은 그대
그대가 보고 싶다는 말 들어본 적 있나요
내 곁에 있어도 마음 가득 채워놔도
그대가 한없이 그리워집니다
그대가 좋아하는 노래를 들어도
차를 마시며 그대 목소리 들어도
언제까지나 한없이 그리운 그대
내 마음 어디쯤 그대 들어있는지
곁에 있어도 생각나는 그대
오늘도 나는 그대를 그립니다

눈물

다하지 못한 말들은
마음속 안에 있고
가슴 속 깊은 이야기는
심장에 박혀있다
하늘은 온통 내 눈 안에 들어와
새파랗게 울다 가고
차오르는 가슴속 겹겹이 설움이다

내가 본 그 사람

언제나 다정하고 사랑스러운 그대여
한 번 보고 두 번 보아도 변치 않는 그대
언제 어디서 만나도 미소 짓는 그대
사랑이여 변치 말자 어깨 두드리던 그대

영원히 변치말자 약속한 적 없건만
끝까지 변치말자 말 한 마디 안했건만
눈빛으로 약속하고 말 하는구나

내가 만난 그대 모습 영원하리요
변치 않는 그대 모습 사랑하리요
살아가는 길에 하나가 된 그대
두고두고 오래오래 행복하리요

꿈속에서

깊이 잠든 꿈속에서 그대를 기다려봅니다
항상 마음에 담고 있었던 그대
무척이나 그리워하던 그대이기에
내 마음속 사무쳤던 그리움을
한꺼번에 쏟아내듯 안아봅니다

원망과 노여움이 가득한 모습 같기도 하고
살며시 미소를 지으며 반기는듯하기도 합니다
그대가 그립고 보고 싶었습니다
사랑하는 이여
그대의 모습 내 눈에 더 담고 싶은데
눈을 뜨고 보니 야속하게도 꿈이었습니다

사랑하는 그대

삶도 사랑도 처음부터 하나건만
가슴 속 그대는 마주볼 수 없네
무지개 빛깔처럼 피어나는 사연
끝내 내 곁엔 추억으로 머물고
한 편의 시 속에 찾아오는 사람이여
화려한 빛은 사라져가지만
마음은 언제나 행복을 꿈꾸네

사랑의 이별

사랑하지 않았더라면
이별의 고통은 없었을 것을
눈물바다가 되어 그대를 그리워하네
굽이굽이 지울 수 없는 통증
가슴속 깊이 길을 내고
무거운 침묵 안으로 삭히며
오늘도 그 길 걸어가고 있네
혼자서 노 저어야 할 사랑이라면
다시는 그 이름 부르지 않으리

눈 내리는 창가에서

눈이 내립니다
하루 종일 눈이 내리며 내 마음을 흔듭니다
오늘 같은 날은 그대와 함께 차를 마시고 싶습니다
모락모락 피어나는 차향처럼 옛이야기 나누고 싶습니다
언젠가는 꼭 만나고 싶은 사람
언젠가는 꼭 만나야 될 그 사람
눈이 내리는 날이면 나와 함께 이야기하기를 좋아하던
그녀는 이제 그리운 사람이 되었습니다
정원수 잎사귀에 눈이 녹아 흐르듯
내 마음도 어느새 젖어버렸습니다

사랑

어둠은 빛을 요구하고
남녀는 사랑을 요구한다
보고 지나가는 사람이 아니라
머물러 줄 수 있는 사람이고 싶다
이따금씩 생각나는 사람보다는
보고 싶을 때 보고 느낄 수 있는
언제나 곁에 있는 사람이고 싶다
지우려 해도 지울 수 없는
마음속 깊이 머무는 정이고 싶다

당신을 그리워하면서

당신이 있는 자리는
당신의 모습이 머물러 있고
내 눈에 보이지 않아도
사랑으로 다가와 향기가 난다

내가 외로움에 잠기면
살며시 다가와 기대게 하고
언제나 사랑하고 신뢰하며
기쁨의 미소를 짓게 하는 당신

당신의 손때 묻은 살림들
빛나고 아름답게 꾸며놓으니
집안의 편안함이 행복을 가져오고
고귀한 당신 모습 내 눈에 넣는다

부부

가까우면서도 멀고 멀면서도 가까운 사이
곁에 있어도 그리운 게 부부다
한 그릇에 밥을 비벼먹고
같은 컵에 입을 대고 마셔도 괜찮은 게 부부다
한 침상에 눕고 한 상에 마주앉아 밥을 먹는 사이
둘이면서도 하나이고 힘을 합치면 무한대가 되는 사이
반쪽이면 미완성 한쪽이면 외로워서 병이 나는 게 부부
세상에 고독하지 않은 사람 아무도 없다
젊은이는 아련하게 고독하고
늙은이는 서글프게 고독하다
부자는 채워져서 고독하고
가난한 이는 빈자리 때문에 고독하다
젊은이는 가진 것을 가지고도 울고
늙은이는 잃은 것 때문에 운다
부부란 사랑이 먼저여야 화목하고 행복한 것이다

황혼의 사랑

내 마음 봄날에는 그대가 꽃이 되어 나에게 오고
더운 여름날에는 당신의 사랑이 나를 뜨겁게 하지
내 마음 향기로운 가을날에는
가을 향기 듬뿍 넣어 그대를 그리며
당신 모습 가슴에 새기지
찬바람 불어오는 겨울날에도
당신의 사랑은 춥지 않고 우리는 함께 웃고 서 있지
꽃이 아무리 아름다워도
그 향기가 천리까지 퍼져간대도
당신 없이는 맡을 수 없고
당신 없이는 인생의 향기를 모르고 살았으리
이제 당신에게 불어넣어준 사랑의 힘이
한없이 크다는 걸 당신도 느끼리오
80이 넘어 황혼 길에도 사랑은 더없이 아름답다는 걸
내 사랑 그대여 알게 되리라
남아있는 시간도 감사하며 당신과 함께 살아가리다

야좌夜坐

밤 깊어 고요하고 빈 뜰엔 달이 밝다
마음 열어 속에 있는 내 모습을 다시 보니
고요하면 물이요 출렁이면 물결이라
잔잔한 바다에 태풍도 다녀가고
비바람 몰아치며 우는 날도 있었더라
한밤중에 깨어나 고요한 명상 속엔
참모습의 나를 찾는 잔잔한 기쁨
더러는 홀로 앉아 참선할 일이다

3부
마음의 시

가을밤

무덥던 여름은 가고 깊어가는 가을밤
귀뚜라미 우는 소리 왜 이다지도 슬픈지
밤하늘엔 별이 총총 맑은 달빛 화창하다
밤늦게 귀가하는 학생들 발자국 따라
귀뚜라미 눈물도 어느새 사라지고
하늘은 더 높이 그리움을 매달았다

가을

황금빛 물결치는 가을 들판에
아침저녁에는 선선한 바람 인다
한나절에는 따끈따끈한 햇볕 아래
익어가는 곡식
농부들의 노력과 땀방울의 열매
출렁이는 풍경 아름다워라
높푸른 벌판에 고추잠자리 맴돌고
기러기 떼 줄지어 하늘로 날아가면
먼 산에서부터 단풍이 들고
길가의 코스모스 활짝 웃는다
지나는 길손 더 크게 웃는다

단풍잎

높은 산으로부터 내려오는 단풍잎
곱게 수놓아 내려오는 단풍잎
계곡의 오솔길을 오르다보니
여기저기 도토리를 주워 먹는 다람쥐가
놀라서 도망치며 눈치 살피네
너무나도 아름다운 단풍에 젖어
땀 흘려도 마음은 넉넉해지고
맑은 공기 힘껏 마시며 정상에 올라
저 멀리 수평선을 바라보며
힘찬 내일을 설계하네

가을 들녘

가을햇살이 내려 쪼이는 들녘
황금물결이 강물처럼 출렁인다
하늘엔 뭉게구름 둥실 걸리고
바람의 손짓 여유롭다
여름 내내 힘들었던 고단함은 사라지고
마음속 가득히 차오르는 기쁨
몇 번의 태풍도 이겨내고
타는 가뭄도 극복하고
피땀 흘려 이뤄낸 결실이 여기 있다
주름살 늘어가는 것 아랑곳하지 않고
농사는 천하지대본임을 가슴에 새기며
하루를 천 년같이 일하는 농부들
고마운 땀방울이 들녘에 맺혔다

초승달

서산에 걸쳐있는 초승달
오늘은 유난히도 반짝거리네

풀벌레 요란하게 울다가
발자국 소리에 울음 그치고
하늘에는 기러기 떼 높이 날아가네

발자국 소리 멀어지니
다시 들려오는 풀벌레 소리

저 편 언덕 위엔 뭉게구름
하얀 달은 쪽배처럼 기울어가네

가을 문턱

가을이 오는 길목에서
너울거리는 코스모스
가을을 알리는 향기로운 꽃

그 사람도 지금 어디쯤
나처럼 꽃을 보고 있겠지요

고추잠자리 맴도는 가을 들녘
코스모스 꽃길 따라
마냥 걷고 싶어 하던 사람

지금은 어느 곳에서
나와 같은 생각을 하며
가을을 바라보고 있는지요

메뚜기 방아깨비 여치
이름 모를 벌레소리도 정겨운 계절

가을의 문턱에서 생각합니다

그 사람도 나와 같이 그리워하리란 걸
고향의 가을 들판을 걷고 싶어 한다는 걸

가로수 서 있는 풍경

한여름에 무성했던 가로수들
어느덧 낙엽도 지고 쓸쓸히 서 있다
찬바람 울음소리
기타 줄 튕기는 조율소리
수없이 생각을 하면서 지나가던 밤길엔
옷 벗은 가로수만 바람소리에 귀 기울이고
한 발짝 두 발짝 내딛는 걸음
떠나간 시간을 쫓아가고 있다

시 한 토막

한 줄의 글을 쓰다 보니
마음속 깊이 사무쳤던 생각
아련하게 떠올라
쓰고 또 쓰고 다듬어 다시 보니
어느새 한 편의 시가 되어
내 곁에 서 있네

바람

솔솔 불어오는 봄바람 따라
웃으며 솟아오르는 새싹들
아지랑이 아물거리는 속에 꽃을 피웠다
울밑의 개나리꽃 산기슭의 진달래꽃
지나가는 바람결에 소식을 전한다

칠팔월에 불어 닥치는 무서운 바람
농사 망치며 한숨 쉬는 농부들
장맛비 쏟아지는 논두렁마다
무너진 가슴 쓸어 담는다

푸른 하늘 높이 흘러가는 뭉게구름
바람의 손짓도 향기로워라
농부들의 땀방울엔 곡식이 여물고
추수하는 기쁨은 농촌의 자랑
바람도 살랑 땀을 닦아준다네

겨울 찬바람 속에 눈보라치는 바람
세상이 온통 흰 눈으로 뒤덮이고
스키장 동산 만들어 사람들이 즐기네
계절 따라 변하는 바람을 보며
나도 어느새 늙어가고 있다네

마음의 시

따스한 봄바람 안고 밖으로 나가
햇살 아래 나를 눕힌다
새싹이 돋고 꽃이 피어나고
벌과 나비 춤추며 유혹하는 봄날
마음속 시도 꽃처럼 피어나
세상이 온통 아름다워라
농부는 어느새 들로 나가고
일 년 농사 계획에 희망이 솟는다
모두 다 이루기를 바라는 마음
마음속 깊이 봄이 와 있다

내가 쓴 시 한 구절

생각을 하면서 내가 쓴 시 한 구절
일러보고 되새겨 보아도
참으로 즐겁네
나도 모르게 기쁨을 느끼며
왜 일찍이 생각 못했을까
아쉬움 지워 보내면서
한 구절 시를 써보고 있네
써놓고 되새겨보고 수정하고
마지막으로 돌아보니 마음속 기뻐지네
이렇게도 즐거울 줄 왜 몰랐을까

정情

사람은 누구에게나 정이 있다
내가 남에게 베풀면 그것은 다시 내게로 온다
크면 큰대로 적으면 적은대로
나눌 줄 아는 사람은 마음이 따뜻하다
가는 정이 있으면 오는 정도 있는 법
준 것은 반드시 돌아오는 것이다
받을 줄만 알고 줄줄 모르면
그 사람 곁에는 친구가 없다
쓴 약 같은 충고도 정이 있을 때 할 수 있고
그것을 받아들이는 것도 정이 있어야 가능하다
물질만 오고 가는 것이 정이 아니라
마음과 마음이 드나들어야 진정한 정이다

박

옛적에는 초가지붕
지금에는 기와지붕
박 넝쿨 올라가서
박 하나 덩그렇게
달려서 환한 웃음
박꽃 같은 고운 하루

낙엽을 밟으면서

싸늘한 바람결에 찾아오는 늦가을
단풍이 울긋불긋 물들고 있네
바람결에 한 잎 두 잎 떨어지는 낙엽
카펫을 깔아놓은 듯 아름답고
지나가는 행인들 밟고 지나니
부스럭 대는 가랑잎 소리
오고가는 사람들 즐겁게 하네
다음해 봄소식 전할 때까지
편히 쉬시오 아름다운 낙엽아

인생

늦가을 넓은 저수지에
오리들 무리지어 논다
그 사이 섞여있는 백로 한 마리
어울리며 놀다가도 금세 뒤집고
먹이를 찾으면 또다시 싸운다
찬바람 불어오면 떠나야할 세상
무슨 욕심으로 서로 싸우는가
날개 하나면 족히 떠나련만
무거운 몸 이끌고 이리 뒤뚱 저리 뒤뚱
모든 것 내려놓은 빈 저수지
물끄러미 바라보며 웃고 서있다

내 고향

내가 태어나 자란 산골짝 작은 마을
학교 한 번 가려면 오솔길 몇 십리
산 넘고 골짜기 건너 학교를 다녔지

해방과 함께 들려오는 우렁찬 망치소리
어느새 우리 마을에도 고속도로 생기고
아름다운 농촌 마을로 새롭게 태어났네

눈부신 변화에 희망찬 내 고향
우리 고장 우리 마을 대대손손 빛나리

가을 추수

흰 구름 한 점 없이 맑은 날
농부들이 콤바인 기계 운전하며 추수하네
한 폭의 그림 같은 들판

여인들은 들깨를 털며 분주하게 움직이고
가을바람 선선하게 불어오네
잠자리 떼 여기저기서 춤을 추는 들녘

어젯밤에 내린 서릿발에
농부의 손길은 바삐 움직이고
가을은 곳곳에 풍성함을 이루네

긴긴밤

밤이 깊어 잠자리에 누워
잠을 청하여도 잠은 오지 않고
지난날 옛 시절을 되돌아보네

왜 그랬을까 왜 못했을까
지난날의 허송세월 후회스럽기만 하네

지금도 늦지 않다 생각하지만
마음만 앞서지 몸이 따라주지 않네

긴긴밤 뒤척이다 창가를 내다보니
별들만 유난히 반짝이고
바람 소리 세차게 불어대니
이 밤을 건너가기 힘이 드네

비오는 날

하루 종일 궂은비가 내리는 날
내 마음 왠지 쓸쓸해지네
세상사 담소 나누며
함께 소주잔을 부딪히던 친구
먼 이국땅에서 잘 지내고 있겠지
지금 당장 만날 순 없지만
너무나 보고 싶은 친구
감나무 잎에 이슬이 맺혀
물방울 떨어지듯
친구에 대한 그리움이 쌓여
눈시울 젖는구나

은행나무

말없이 일렬로 서 있는 은행나무
살며시 다가가 안아보니
내 마음 알고 있다는 듯
바람결에 가지 흔들리네

자동차 매연 흡수하며
공기를 맑게 해주는
웅장한 모습의 가로수들이여

나는 너의 고마움을 알고 있지
오늘도 내일도 한결같은
소리 없는 파수꾼 은행나무여

차를 마시면서

따끈한 차 한 모금이
내 몸을 녹여준다

산사의 노스님 목탁소리같이
은은한 향기 마음에 머물고
얼었던 손끝이 녹아내리듯
잔잔한 평온이 찾아온다

비움과 채움의 의미를 다시 깨닫는
차 한 잔의 여유
마음에 초록 잎 피어난다

소래포구

우연히 친구 만나 소래포구 구경 나섰네
몇 년 전과 하나도 변하지 않은 주변모습들
비좁은 강가에서
낚싯대 드리운 소래포구 강태공들
먹거리 푸짐한 좌판대에서
술 한 잔씩 기울이니 웃음소리 넘쳐나고
상인들의 구성진 목소리와 푸짐한 물건들이
지나는 행인들을 유혹하네
이곳이 바로 생생한 삶의 현장일세

어느 날 아침

맑은 하늘 싱그러운 아침 바람
아침 햇살이 들녘을 비춘다
아무도 없는 빈 들판에
비둘기들 무리지어 오르락내리락
먹이를 찾아서 오늘도 부지런히
바라보는 사람도 바쁘게 움직이며
즐거운 아침 인사 콧노래를 부른다

야생화

미소 머문 들녘에 야생화 만발하다
싱그러운 바람결에 실려 오는 꽃향기
이름 모를 야생화 여기저기 피어
시인의 마음을 사로잡고 있네
노랑나비 흰나비 춤을 추는 들녘
나비 한 쌍 바라보니
시 한 수가 핀다

아침

매일 아침 7시 30분이면 까치 한 마리가
반가이 지저귄다
집 앞 전봇대 위에 와서
이리 날고 저리 날며 전하는 아침 인사
무슨 말을 하는지 알 수 없지만
후드득 날갯짓에 웃음이 떨어진다
덩달아 기분 좋은 우리 집 위로
붉은 태양도 웃으며 떠오른다

이런 사람

가진 것은 그리 많지 않아도
근검절약이 마음에 배어있고
항상 미소를 짓고 서로 사랑하며
좋은 친구가 되어주는 사람

현 지위가 그리 빛이 나지 않아도
풍성한 마음으로
주어진 일에 최선을 다하는 사람

인생의 아픔을 찬미할 줄 알고
칭찬을 아끼지 않으며
벗의 장점을 항상 배우면서
서로의 교분을 쌓아가며
멋지게 살아가는 이런 사람이 되련다

등산길

짙은 안개 속 우거진 숲속을
거슬러 올라가는 등산길
새벽길 이슬을 맞으면서
속세를 떠난 스님을 만난다
자비로움이 깃든 이 길로
풍경 소리 따라 발걸음 옮기면
목탁 소리가 마음을 깨우고
비로소 옷을 벗는 세속의 그늘
땀 젖은 걸음을 재촉하녀
기쁨 한 가득 피올린다

공원의 벤치

도시 공원의 숲속에서 신나게 노래 부르는 매미들
맑은 하늘 높이 날아드는 잠자리 떼
하늘에 뜬 구름도 아름답게 노를 젓네
바둑, 장기 두는 곳에는 많은 사람이 모여들고
구경하다가 자기도 모르게 훈수하네
역공 당하는 사람은 노여워 소리치고
구경하던 사람들 웃고 또 웃네
웃어대는 풍경 보노라면 어린 시절 생각나
나도 덩달아 웃네
세월은 흘러 몸은 늙어도 마음만은 청춘
옛 생각에 아쉬워하네
무더운 여름도 한고비 가고 가을바람 부는데
수해로 인해 복구 작업 한창인 곳 생각하니
더욱 아쉬운 마음 헤아릴 수 없네
한편에서는 책 읽는 이 많아 그 모습 아름답고
모두가 삶의 보물을 캐고 있네
도시 공원은 언제나 시민의 낙원이라네

4부

인생 찬가

가는 세월 아쉬워하면서

80 고개 들어 다시 만난 동기들
희끗희끗한 머리카락 유난히도 눈에 띄네
한 잎 두 잎 떨어지는 낙엽처럼
세월 속을 걷고 있는 우리네 인생길
주름진 얼굴에 사연이 담겨있네

옛정 나누면서 한 잔 술에 지워보세
하루의 건강을 천만금처럼 생각하며
다정한 옛 동지들 손을 잡고 나가면
이 세상 부러울 것 아무것도 없다네

오늘의 건강 두고두고 이어가
내일도 웃으며 다시 보세 친구여
그 누구도 가는 세월 막을 수 없지 않나
두고 온 산하처럼 웅장한 모습으로
희망을 잃지 말고 살아가오 친구여
우리의 최대 관심은 오직 건강 뿐

흘러가는 세월 속에

흘러가는 세월 속에 인생도 간다
봄 하늘 아래 춤추는 나비
소나기 내린 들판 위의 무지개
신록이 우거진 여름날 지나고
일하는 농부들의 굵은 땀방울
가을을 노래하는 귀뚜라미 소리
어느새 소복소복 흰 눈 쌓이네
긴긴 밤 누워 잠을 청하니
잠은 오지 않고 밀려드는 생각
흘러가는 세월은 막을 수 없구나
지나가는 인생은 잡을 수 없구나
오늘도 버텨보는 하루

효도잔치를 보고서

수원시 가는골* 복지관에서 효도잔치가 열렸네
아침 일찍부터 모여든 할머니 할아버지
거동이 불편하여 도우미의 부축을 받으면서
여기서 저기서 찾아왔네
풍악이 울리고 잔치가 시작되자
나도 모르게 흥에 겨워 어깨를 들썩이네
춤추고 노래하는 즐거운 사람들
아픔도 고통도 모두 던져버리고
지금 이 순간은 웃고 서 있네
발 딛을 틈 없이 꽉 찬 행사장
기쁘기 한량없어 감사하는 마음일세

*세류1동의 원래 이름

광교산을 오르며

백두대간으로 이어진 수원의 광교산아
웅장하고 장엄한 자세로 내려앉은 광교산아
그 모습 아름답고 섬세하고 고귀하다
맑고 깨끗한 물줄기가 흘러 광교 저수지가 만들어졌구나
수원 시민의 젖 줄기를 바라보니
가슴속 사무치는 뜨거운 감사
절터에서 솟아나는 샘물은 등산객들의 목마름 적셔주고
푸르게 우거진 나무숲은 맑은 공기 나눠주며 웃고있네
수원의 자랑이고 수원의 재산
누구나 한 번쯤 광교산을 오르면
그 멋진 모습에 감탄하고 내려오리

귀성길

너나 할 것 없이 타고 나온 자동차
지름길로 들어서도 속도는 느리네
마음은 고향산천 부모님 곁에 먼저 가고
형제들 웃음소리 귓가에 맴도네
선물 가득 안고 찾아가는 고향집
아이들도 즐거워 노래를 부르는데
기다리는 부모 마음 애간장을 녹이네
지난해보다 더 밀리는 엉금엉금 귀성길

신호등

빨간 신호등 불빛 아래서
파란불 바뀌기만 기다리는 마음
신호등 바뀔세라 무리지어 가는 속에
늦을세라 이리 저리 헤집고 가는 사람
파란불 꺼질세라 달려오는 사람
모두가 신호를 지키려는데
빨간불 꺼지면서 기다리던 차들
마라톤 출발점을 달리듯 무섭기만하네
사람도 그렇고 자동차도 그렇고
모두다 2·3초만 늦게 출발한다면
교통사고는 생기지 않을텐데
우선멈춤 신호를 무시한 채
급하다고 급하다고 달려만 가네
순간의 지킴이 영원한 행복을 가져오는 법
신호등 지키며 가벼운 마음으로 일터에 가자

시골길

세월은 날로 발전하여
하루가 다르게 뚫리는 도로망
고향산천 가는 오솔길도
자동차 경적 요란하게 울리고
우마차 소리 들리지 않는다
눈부시게 뚫린 아스팔트길에
거미줄처럼 촘촘한 자동차 행렬
남기고 싶었던 추억의 길은
이제 소설 속에나 등장하려나
산업발전 젖줄이 된 그리운 시골길

광교 산마루 샘터에서

아름답고 풍요롭게 자리 잡은 샘터에서
사방을 둘러보니 녹음이 우거지고
맑은 하늘 아래 맑은 공기 마시며
즐거운 웃음꽃 옛이야기 나누네
우거진 계곡이 더욱더 푸르러
찾는 사람 모두 다 꿈을 품고 간다네
시원한 바람에 땀방울을 닦으며
오고가는 등산객 남녀노소 즐겁네
수원 시민들의 건강을 지키는
광교산을 오르니 오늘도 힘 솟네

두고 온 내 고향

세월이 가는 것은 물 흐름과 같다
무엇 하나 가진 것 없는 이 어귀에서
새벽별 하나가 내 손을 잡아준다
그리운 밤을 통곡으로 달래며
흐느끼는 나의 마음
목 놓아 울어보자
죄 없는 저 하늘이여
고향 잃은 아픔 반백년이 넘었구나
잊지 못할 약속을 오늘도 기억하며
찢기고 찢긴 세월 꿈속처럼 아련하다

시위 문화

시도 때도 없이 시위하는 군중
붉은 띠 머리에 매고
몽둥이 쇠파이프 돌멩이 화염병
마구잡이로 치고받고 불을 지른다
시위 진압하는 애꿎은 전경, 의경들만이
전쟁터를 방불케 하는 현장에서 속수무책
고래고래 소리 지르며 이리 뛰고 저리 뛰어도
말리는 사람 없으니 어이없구나
모두가 우리나라 한 가족 한 민족인데
어찌하여 이렇게 변하였단 말인가
강제진압으로 끝을 맺으니
서로가 부상당하고 목숨까지 위태롭다
성숙한 시민 정신 어디로 사라졌나
우리는 이제 자각해야할 때
할 수 있다 바른 시위, 품격 있는 시위 문화
우리 국민이여 이룩하세 민주 시위
세계가 보고 있다 대한민국 좋은 나라

설

세월은 끊임없이 돌고 돌아 어느덧 새해
가족 친지 한자리에 모여 오순도순
서로 인사하며 화기애애하네

설을 맞아 이야기꽃 피워가면서
금년에도 모두가 건강하고 만사형통하기를
덕담으로 주고받네

더도 말고 덜도 말고 오늘과 같이
영원하기를 바라는 새해 아침
우리의 소원 이루어지도록 기원하고 있네

우리의 꿈

사람이 산다는 것이 무엇을 의미하는가
생각하고 실천하여 펼쳐지는 일들
하나 둘 할 것 없이 사무쳐가면서
다시 생각하고 쓰다듬어 가꾸며
모두를 이루기 위해 노력한다
오늘도 하염없이 일에 파묻혀서
맺은 일 생각하고 또 생각하면
입가에 번지는 이 환한 미소
우리는 할 수 있다 대한의 아들딸
사랑의 손을 잡고 내일로 달리자
꿈을 펼치자 대한의 건아들이여

동지들

조국의 부름 받아 한자리에 모인 동지
세월은 흘러 반백 년 지나갔네

조국의 품에 안겨 6.25 전쟁 치르고
이제는 백발 되어 여기까지 왔건만
동지들 하나 둘 떠나고 있는 세상
세월은 잡을 수 없어 추억을 붙잡네

남아있는 동지여
마지막까지 최선을 다해 건강하게 지내세
즐겁고 유쾌한 세상 우리도 누려야지

내 몸 건강이 최고의 선물이고
내 몸 건강이 최고의 기쁨
오늘도 웃으며 하루를 마감하네

희망

모든 생명체는 희망을 가지고 태어나며
어느 누구의 가르침도 없이 스스로 깨닫고
저마다 꿈을 키우기 위해 노력하고
줄기차게 힘쓰고 있네
꿈을 이루기 위해 정성을 다하고
사랑을 베풀고 기도를 하네
그리하면 보고픈 마음이 하늘에 다다를 수 있고
꿈을 잊지 않고 노력하면
희망의 결실이 눈앞에 펼쳐지네

공군 전우회 동지들

조국의 부름 받은 공군 용사들
봄여름 가을 겨울 한결같은 마음으로
이 나라 꽃동산을 지켜왔다네
다 같이 조국 위해 젊은 꿈 바쳤다네

크나큰 보람 안고 지켜온 우리 공군
고귀한 정신 모아 두루 살피네
삼천리강산 밑거름이 되어
이 나라 산천에 피어나는 꽃들

조국의 발전 위해 모두들 힘을 내세
다 함께 힘 모아 이 나라를 지키세
아름다운 이 강산 우리의 조국
공군 전우회는 오늘도 뭉친다네
싸우고 싸워 온 젊은 우리 공군일세

불개미같이 살으리랏다

먹을 것을 찾아 헤매는 불개미 무리
덩치가 크든 작든 덤벼보는 불개미
한 번 쪼아보고 열 번이고 따라잡는.
혼자 안 되면 여럿이 힘을 모아
순식간에 물어뜯어 이기고야 만다
이것이 불개미 삶의 근본이구나
곤충의 세계에서 제일 부지런한 개미
놀고먹는 일 없고
집에 돌아올 때는 빈손으로 오지 않는다
한 번 물면 놓지 않는 끈기
우리 인간도 개미를 본받아
여름이면 땀 흘리며 일을 하고
겨울이면 편히 쉬며 휴식을 취하세
한여름 나무그늘 속에서 즐겁게 노래 부르고
찬이슬 받아먹는 매미나 베짱이는
놀고먹다보니 겨울이면 처량하네
목 놓아 울다 죽어가니

개미의 밥이 되어 땅속으로 묻히네
길가에 앉아 개미를 바라보니
우리가 본받아야 할 근로정신 지녔네
열심히 일하고 저축하여
구걸하는 베짱이에게 나누어줄 줄 아는
아름다운 개미처럼 살으리랏다

맑은 태양

맑은 하늘 동쪽 바다 위에
찬란한 새 아침 햇살이 펼쳐진다

우렁찬 목소리
내일의 평화 건설 역군들의 함성

저 멀리 저 멀리 세계로 가세
아름다운 우리 강산 꽃피워보세

가는 곳마다 건설의 망치 소리
땀방울 흘리면서 미소 짓는 나라

이 땅 위에 새로운 한국의 햇살
밝아오는 세상 그 누가 막을까

우리 모두 힘 합쳐 건국의 길로
힘차게 달려가세 대한민국 국민이여

못할 일 없다 대한의 아들딸들이여
이룩하자 남북통일 대한민국 국민이여

평화로운 우리 강산 새롭게 펼쳐보세
대한민국 만만세 통일의 그날까지

꿈

사람마다 자기 나름대로의 꿈을 꾸고
실천하려고 하는 것이 본능이다

좋은 꿈 나쁜 꿈 무서운 꿈 괴로운 꿈
마음 아픈 꿈 기쁜 꿈 잊을 수 없는 꿈
다시 꾸고 싶은 꿈

밤마다 꾸는 꿈속에도 희망의 꿈이 있는가 하면
버리고 싶은 꿈도 찾아온다

마음에 품고 살고 싶은 꿈도 있고
지울래야 지워지지 않는 요상한 꿈도 있다

우리네 인생살이 허무맹랑하다지만
가슴에 꿈은 품어보고 살 일이다
희망의 꿈 아름다운 꿈 예쁜 꿈 고운 꿈

생각 하는 대로 나타나는 꿈속의 꿈
1등급 꿈은 사랑하는 꿈
그 다음 등급은 행복한 꿈
평화로운 꿈 부부 애락 하는 꿈
희망의 노래 부르는 꿈

건강한 신체에 건강한 꿈 찾아오고
건강한 꿈이 미래를 이끈다

꿈·2

동물 중에 가장 현명한 것이 인간이다
만물의 영장답게 꿈을 꾸며 산다
꿈이 없으면 한 발짝도 앞으로 나아갈 수 없다
꿈이란 미래지향적인 희망을 갖는 것이다
꿈이란 우리 인간이 생활하는데 가장 소중한 것이다
꿈이 있어야 고도성장을 꿈꾸며 앞날을 설계할 수 있다
꿈이 많은 사람은 하루가 바쁘고
꿈이 없는 사람은 날마다 게으르다
꿈이 없으면 용기를 낼 수도 없고 전진도 있을 수 없다
꿈을 꾸고 이뤄나가는 것이 성공의 지름길이다

꿈·3

저 멀리 수평선엔
한 조각의 배가 떠 있고
저 푸른 하늘엔 뭉게구름이
그림같이 떠있네
부풀은 영위令闈 속에
언제나 희망으로
앞날을 위해 산다고
그것이 청춘의 꿈이던가

눈 내리는 날

눈이 소리 없이 내려
온 세상 하얗게 뒤덮어버리니
쌓였던 잡념들 다 날아가
마음의 평온을 가져다주네

오고가는 사람들 눈을 맞으며
즐거운 미소로 겨울을 즐기네
어디선가 날아온
참새 한 마리 훌쩍 날아가니
눈꽃송이 떨어져 바람에 휘날리네
모두들 쳐다보며 좋아하네

해 뜨는 아침 일터

동쪽 하늘에 해가 비취면
아침 햇살이 인사를 하네
신선한 아침 공기 마음껏 마시며
비둘기 떼 노는 모습 바라보네
고속도로에는 자동차들이 줄을 서고
출근길 아침이 분주하네
삽자루 메고 나가는 농부들도
풍년을 기원하며 발걸음 재촉하네
울밑에는 개나리꽃 만발하고
뒷동산에는 진달래꽃 한창이네
논두렁 밭두렁의 민들레도
노란 꽃 하얀 꽃 피어 나비를 부르네
향기로운 내음 들판을 누비네
내일을 위해 모두들 활기차네
일터로 가는 걸음 희망을 노래하네

인생 찬가

가는 세월 어이하나 잡을 수가 없고
지는 해는 서산 너머 꼬리를 내린다
인생이란 허무하다 희망을 찾는구나
내일의 동산에 희망의 햇빛 솟아오르듯
우리네 기분도 저버리지 말고
평화롭게 세상살이 누려보고자 하네
인생이란 모두가 다 그렇게 흘러가는 것을
인류의 변화 아래 여위고 살고 있네
내일의 위상을 오늘의 원천으로 삼고
앞날의 영원을 기리며 살아보세

첨단산업시대

봄여름 다 가고 지금은 한 가을
높푸른 하늘에 흘러가는 흰 구름
들판에는 황금빛 물결 일 듯
잠자리 떼 어울리며
춤을 추고 날고 있네
코스모스 꽃들 출렁대며
지나가는 사람들 즐겁게 하네
옛적에 황금들판 거두어들일 때는
많은 농부들이 추수했건만
넓은 들녘에는 기계 한두 대
사람보다 빠르게 가을을 담네
세상이 변해 첨단산업시대
요즘엔 이것이 사는 기쁨일세

세상에 태어나서

사람은 어머니 뱃속에서부터
희망과 욕구를 가지고 태어나네
엄마 품에 안겼을 때 천사 같은 그 얼굴
세상 물정 알게 되면서 욕망이 생기고
희망을 꿈꾸며 높은 곳을 향해 오르니
생각과는 다르게 힘들어지네

하고픈 마음 생각대로 되지 않네
열심히 노력하고
뉘우치기도 하고 포기도 해보고
부와 가난의 논리 속에서 채여도 보고
웃기도 하고 울기도 해보네

오를 길 순탄치 않아 힘 모아 도전하고
앞으로도 가보고 뒤로도 가보고
다시 또 옆으로도 가보고 하는 것이
삶의 과정이라네

희망의 봉우리를 향해 가다보면
넘어지고 엎어지고 낭떠러지에 굴러
진흙탕 속으로 떨어지기도 하지만
재도전하여 정상에 오르려 하는 것이 인생이네

백송나무

말로만 듣던 백송나무 이야기
멀리 광주 땅 푸른 농촌 산 끝자락까지 올라가보니
원형이 감사 짙푸른 농장
여러 가지 수목들이 가득 차 있어 즐거움을 주네
맑은 공기 가슴 펼쳐 마셔보니
몸속 깊이 묻혀있던 피로까지 일순간 사라지네
노을 길을 걷고 있는 인생이 아쉽네
발길이 떨어지지 않아 저 멀리 강 건너 산을 바라보네
한 그루의 나무가 정성껏 자라 마음이 흐뭇하네
나무도 저렇게 힘을 내어 성장하는데
우리네 인생 할 일 없이 늙어만 가네
세월이 가는 것을 잡아보고 싶지만 아무도 할 수 없네
백송의 나무는 20년 후에나 볼 수 있다하니
우리도 희망을 가지고 기다려보세
참고 기다리면 좋은 날도 오겠지

저물어가는 세상

앞산 뒷산 할 것 없이 단풍이 들었네
곡식들도 어느덧 추수가 끝나
누런 벌판이 흙더미 들녘이 되고
청둥오리 떼 몰려와 유유히 산책하네
고속도로에는 무수한 자동차 행렬
희망을 가지고 달려가네
어느새 저물어가는 12월
달력을 넘기며 지난 일을 돌아보니
마음 가득 휘몰아치고 있네
찬바람과 함께 내린 빗물은 얼음이 되고 있네
높은 산에는 흰 눈 내리며 겨울을 재촉하고
저물어가는 세월 아쉽기만 하네

조현행 시집
황혼의 노래

저　자 | 조현행
발행자 | 오혜정
펴낸곳 | 글나무
서울시 중구 저동2가 78번지 비즈센터 905호
전　화 | 02)2272-6006
등　록 | 1988년 9월 9일(제301-1988-095)

2015년 8월 30일 초판 인쇄·발행

ISBN 978-89-91356-86-3 03810

값 8,000원